Victor Danilo

O Guia Politicamente Incorreto para ficar rico com vendas...

SUMÁRIO

O caminho para entrar na mente   **4**
O que é Copywriting   **6**
Comece pela Persona!   10
Marcadores Somáticos   15
    Choque e aterramento!   18
    As pessoas evitam dores e frustrações.   20
    A configuração secreta do nosso cérebro   22
A estrutura de um texto de copywriting   **25**
    Chamar a atenção: 27
    Tocar na Dor ou Problema: 27
    A Solução: 28
    Credenciais: 28
    Benefícios: 29
    Prova: 30
    Oferta: 31
    Escassez: 32
    Garantia: 32
    Chamada para ação: 33
O tempero que dá sabor à copy   **34**
Como surgiram os gatilhos mentais   **36**
    Crise de 1929   39
    Edward Bernays   41
Os primeiros gatilhos mentais   **43**
A ciência por trás dos gatilhos!   **45**
Hipnose!   **47**
Gatilhos Mentais   **50**
    Gancho de atenção ou headline   52
    Gatilho mental da reciprocidade   57
    Gatilho mental da autoridade   59
    Gatilho mental da escassez   64
    Gatilho mental da urgência   66
    Gatilho mental do descaso   68
    Gatilho mental da dualidade.   71
    Gatilho mental da Prova social   73
    Gatilho mental da antecipação   75
    Gatilho mental do "Por quê"   77
    Gatilho mental da Novidade   79
    Gatilho mental do Inimigo em Comum   83
    Gatilho mental Compromisso e Coerência   87
    Gatilho mental Paradoxo das Escolhas   91

Gatilho mental da Simplicidade 94

Gatilho mental da Ancoragem de preços 98

Gatilho mental da Curiosidade 101

Gatilho mental da Surpresa 106

Conclusão 110

Resumo 113

Considerações Finais do Autor 116

É por isso que se você questionar um vendedor de qualquer tipo de produto, vai perceber que um vendedor leva em média 9 "nãos" até levar um "sim".

Mas, eis que te pergunto, e se fosse possível levar todos os clientes para um nível de consciência em que eles não pudessem mais decidir racionalmente, se a mente do cliente ficasse paralisada, sem capacidade, tempo ou vontade de tomar uma decisão?

Esse cliente teria de entrar em modo automático e esse modo automático faria com que a decisão fosse tomada através de uma modelagem de ambiente.

Ou seja, você, o vendedor, determinaria os rumos da conversa, os rumos da venda.

Neste livro você vai aprender vieses cognitivos de persuasão que nós do marketing chamamos carinhosamente de "gatilhos mentais".

Esses gatilhos, quando usados da forma correta, trabalham entrando na mente do cliente e levando essa mente para um estado impulsivo e emocional, abandonando toda lógica e razão.

Dessa forma, os clientes não conseguem te dizer não, a sua oferta fica tão atrativa e irresistível que é quase impossível dizer "não".

Basicamente o cliente fica se sentindo estúpido, ou sentindo que está perdendo uma oportunidade incrível ao te dizer um "não".

O que é Copywriting

Hoje com o avanço da internet, a ascensão do marketing digital, todo mundo vendendo cursos online na internet, muito se fala a respeito de copywriting, parece que esse nome se popularizou de uma forma que até mesmo pessoas de fora da área o conheçam.

Mas afinal, o que é copywriting, para que ele serve e como essa técnica pode impulsionar as vendas de qualquer negócio?

Copywriting nada mais é do que uma técnica centenária de escrita persuasiva, ou seja, é um método de escrita que tem o poder de incentivar pessoas a tomarem uma determinada ação.

É muito semelhante ao processo de vendas, onde a parte vendedora apresenta argumentos, quebra objeções, toca nas dores, desejos e aspirações e por fim apresenta um produto como a grande solução para todos os problemas da parte compradora.

Gatilho mental da Simplicidade 94
Gatilho mental da Ancoragem de preços 98
Gatilho mental da Curiosidade 101
Gatilho mental da Surpresa 106
Conclusão **110**
Resumo **113**
Considerações Finais do Autor **116**

O caminho para entrar na mente

Alguns pesquisadores americanos descobriram que o cérebro humano tem uma configuração um tanto quanto interessante.

Quando nosso cérebro não tem capacidade, tempo suficiente ou vontade para tomar uma decisão assertiva, entramos em um modo de economia de energia e nossa decisão é tomada 100% no âmbito impulsivo e emocional.

Basicamente, imagine a seguinte situação: Você está em um shopping, na praça de alimentação, e do nada acontece um estouro, um barulho muito alto, e você olha para os lados e todo mundo está correndo... O que você faz?

Bom, muito provavelmente você corre também!

Afinal de contas, você não tem capacidade técnica para avaliar o estouro apenas pelo barulho, não tem tempo suficiente para analisar a situação (todo mundo está correndo, pode ser perigoso ficar) e não tem nem vontade de ficar ali analisando tudo.

O que você faz? Simplesmente modela o comportamento da maioria, e como a maioria está correndo para fora do shopping você imita aquela ação para garantir sua sobrevivência e seu bem estar.

E aí entra a mágica do marketing: Existem formas de eu e você colocarmos o cérebro de outras pessoas nesse mesmo modo automático, para que as pessoas não tenham como decidir tecnicamente uma questão, mas para que elas decidam de acordo com o ambiente.

Esse padrão comportamental do ser humano é mencionado por alguns autores americanos como: "sistema Click e Zum".

Através de alguns gatilhos e vieses é possível acionar esse mecanismo a hora que quisermos.

Mas, aí vem a dúvida, para que eu acionaria um mecanismo na mente do meu cliente para que ele entrasse em um "modo automático", em uma forma de economia de energia mental?

E a resposta é simples, quando você vai vender algo para um cliente, normalmente essa decisão é tomada de forma racional, lógica e argumentativa.

O cliente vai se perguntar: "ok, eu preciso desse produto?"

Ele também vai se questionar: "Mas, perco algo em não comprar?"

Então, a não ser que o cliente precise muito desse produto, existe uma possibilidade de 70% dele não comprar, simplesmente porque a decisão foi racional.

A única diferenciação do copywriting é que no caso dessa técnica, o processo de vendas é em forma de texto, mais especificamente em forma de texto corrido, ou seja: uma carta de vendas.

Normalmente as vendas no comércio físico são feitas através da interação entre vendedor e consumidor, onde o consumidor faz as perguntas, apresenta seus medos, receios e o vendedor com muita cautela, astúcia e preparo, vem interagindo com as dúvidas do cliente a fim de que essas dúvidas sejam sanadas e o cliente se sinta seguro em comprar o produto.

No caso do copywriting, o copywriter (pessoa responsável por escrever a copy) já presume todas as dúvidas e objeções do cliente e no texto corrido já vai sanando essas dúvidas, quebrando as objeções e transformando o produto em um objeto de desejo.

Parece loucura imaginar que um único texto tenha tamanha capacidade, imaginar que um único texto, uma carta de vendas, possa persuadir as pessoas tão fortemente a ponto delas comprarem, porém é a mais pura verdade.

O que torna o copywriting uma técnica tão letal, tão assertiva, é a estrutura na qual o texto é montado.

Porque ao montar um texto usando a estratégia de copywriting, primeiramente se analisa o público alvo, ou também conhecido como persona.

E com base nas dores, desejos, aspirações dessa persona, escreve-se um texto totalmente direcionado, abordando cada uma dessas dores, abordando medos, receios, e propondo uma transformação.

As pessoas sentem que aquele texto foi escrito diretamente para elas, afinal no texto tem tudo que elas estão passando, e isso faz com que o texto gere conexão e as pessoas se sintam representadas, se sintam entendidas, e quando o produto é ofertado de fato, o leitor está tão envolvido, tão conectado, que ele fica extremamente sugestivo ao ato de compra!

Hoje em dia as pessoas já descobriram essa técnica e buscam formas de aprendê-la, buscam formas de conseguirem utilizá-la em seus negócios.

Afinal, com um bom copywriting é possível simplesmente multiplicar por 10 as vendas de um produto ou serviço na internet.

E o grande segredo por trás dessa técnica é que o copywriting é uma forma de você falar diretamente com o lado inconsciente do leitor e ignorar o lado consciente.

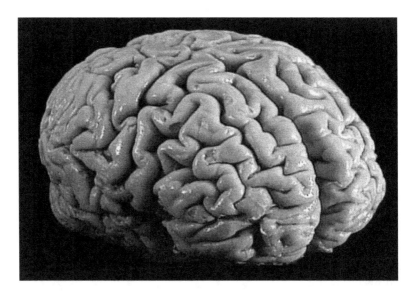

90% do nosso comportamento de consumo é inconsciente, motivado por emoções, medos, desejos, aspirações.

Quando você utiliza copy, você explora essa brecha que o cérebro nos dá, e direciona sua comunicação diretamente para o inconsciente, de uma forma que as pessoas nem percebam.

E quando isso acontece, você está se comunicando com uma parte do nosso pensamento que é totalmente vulnerável, porque ela trabalha estimulada por impulsos e emoções.

Este livro visa ensinar o passo a passo para utilizar essa técnica não apenas em negócios digitais, mas também no meio físico.

Com as lições e ensinamentos deste livro, qualquer pessoa será capaz de dominar a arte da persuasão.

Comece pela Persona!

O passo número 1 para começar um texto de copywriting é descobrir quem é a sua persona, ou seja, quem é o público alvo com quem a copy irá falar!

(Copy é a abreviação popular para o termo copywriting)

O seu produto basicamente é um solucionador de problemas e você precisa enxergá-lo assim.

Só que para um produto solucionar algum problema, primeiro precisa existir o problema.

Um exemplo: Academias solucionam problemas de saúde e estéticos.

Quem procura uma academia é porque normalmente não está satisfeito com o próprio corpo ou com a própria saúde.

As pessoas não entram na academia apenas por entrar, apenas pelo ambiente, pela música, ou pelo ar-condicionado.

Todo mundo que entra na academia, entra em busca dessa transformação, no corpo, na saúde ou nos dois.

Então esse acaba sendo o ponto de partida de uma copy, conhecer o público alvo, saber para quem será direcionado o texto.

Porque ainda utilizando o exemplo da academia, qual dos dois exemplos você acha mais persuasivo?

- Venha malhar em minha academia, aqui temos água gelada, ar-condicionado, televisão em frente às esteiras, ambiente agradável, máquinas novas e profissionais qualificados.

- Nós sabemos os desafios da obesidade, sabemos o quanto é ruim ter pouco fôlego, transpirar além do normal, ter dificuldade para subir escadas, por isso preparamos um método de treinamento para resultados rápidos. Você emagrecerá e se livrará desses problemas em tempo recorde! Venha transformar sua saúde e seu corpo em minha academia!

E aí? Qual apresentação de produto ficou mais persuasiva na sua opinião?

A apresentação onde destaco as qualidade e diferenciais do meu serviço/produto, escrevo o texto com foco no produto?

Ou o texto onde eu toco nas dores do cliente, mostro que existe solução para seu problema e me disponibilizo a ajudar?

Bem, o texto onde o foco está nas dores do cliente, é mil vezes mais persuasivo, porque a pessoa se conecta.

O ser humano naturalmente tem uma facilidade de conexão, uma facilidade de confiança, com pessoas que sentem a mesma dor que eles.

Por exemplo, se você vai na farmácia, com muita dor nas costas, você descreve a sua dor para o farmacêutico e o mesmo te passa um remédio XX.

Porém quando o farmacêutico te entrega o remédio, um rapaz que está na fila atrás de você, cutuca no seu ombro e diz: - "Eu tenho uma dor igual a sua, e comigo esse remédio não funcionou, fez foi piorar".

E esse rapaz descreve a dor perfeitamente, idêntico ao que você está sentindo.

Em uma situação igual a essa, você confiaria mais no farmacêutico, que tem diploma, experiência, que sempre te atende nas suas necessidades ou confiaria em um total desconhecido que apesar de desconhecido, entende perfeitamente o que você sente?

Bem, tenho certeza que nesse exemplo, você pode até não confiar 100% no desconhecido, mas vai pelo menos desconfiar da recomendação do farmacêutico, vai buscar uma segunda opinião.

Ou seja, uma pessoa desconhecida, apenas por sentir a mesma dor que você, consegue te persuadir a não tomar um remédio.

Agora imagina o que isso não pode fazer no processo de vendas aliado a outras técnicas.

Por isso o primeiro passo para a construção do texto de copywriting é entender quem é a persona, buscar entender:

- Sua idade média

Exemplo: quem compra dentadura tem idade média acima de 70 anos, mas quem compra álbum de figurinhas do Naruto tem idade média abaixo de 18 anos.

- Estado Civil

Exemplo: algumas dores são diferentes para pessoas casadas e pessoas solteiras. Por exemplo, uma pessoa casada busca uma segunda fonte de renda para ter mais grana e proporcionar boas coisas para cônjuge e filhos. Já uma pessoa solteira busca uma segunda fonte de renda para poder impressionar e conseguir um cônjuge.

- Gênero

Exemplo: Existem produtos voltados para homens e produtos voltados para mulher. Um homem jamais usaria absorvente, jamais usaria diu, e tem muitos outros produtos até mesmo do dia a dia que um homem jamais usaria, então quando você especifica o gênero no seu texto, acaba gerando maior conexão.

- Localização

Exemplo: Como escrever um texto para venda de biquínis, frisando as belas praias, o sol quente, a areia, mas esse texto ir de encontro com pessoas que moram no frio da Noruega?

- Renda média familiar

Exemplo: Você não precisa saber a renda exata, mas precisa entender pelo menos qual o poder de compra do seu público, pense bem, como você escreverá um texto persuasivo tentando vender uma bolsa da Louis Vuitton para pessoas que ganham 1 salário mínimo por mês? Com base na renda familiar média, você entende quando o dinheiro é uma objeção para o cliente e pensa em formas de contornar essa objeção no texto, por exemplo: Oferecendo parcelamentos.

- Dores, medos e sonhos

Exemplo: Quanto mais você conhece as dores, mais você conseguirá descrevê-las no texto e por consequência gerar conexão com a audiência. E claro, se existe uma dor, existe um sonho, então seu texto traçará um caminho, entre as dores, os medos, até os sonhos.

Marcadores Somáticos

O cérebro humano tem um sistema de proteção e auto preservação, que visa evitar que entremos em situações onde possamos nos machucar, ou que existam riscos.

Basicamente esse sistema vai marcando, vai criando referência entre os neurônios todas as vezes que sentimos alguma dor.

Então por exemplo, quando uma pessoa encosta a mão sem querer em uma panela quente que está no fogão, aquela sensação causará uma dor e no cérebro da pessoa será inserido um marcador somático.

Posteriormente, se aquela pessoa se aproximar do fogão novamente e tiver uma panela em cima, o cérebro dispara um alarme de atenção e automaticamente a pessoa fica mais esperta em relação a panela, não coloca a mão logo de cara, evita a dor e o constrangimento.

Antes de encostar na panela, o indivíduo tentará sentir primeiro a temperatura de outras formas, se aproximando, chegando perto, mas nunca apalpando.

Tudo isso porque a primeira experiência, que queimou a mão e gerou uma dor, acabou criando esse marcador de auto preservação no cérebro.

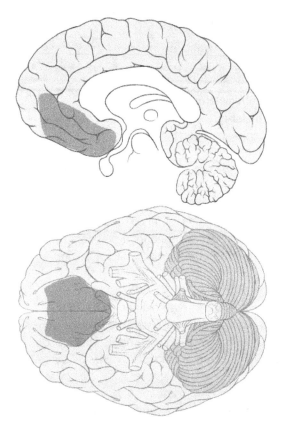

Então durante meses, talvez até mesmo anos, a pessoa se tornará bastante atenta em relação à panelas quentes.

Eu tenho uma história de marcadores somáticos bem interessante para te contar.

Choque e aterramento!

Há alguns anos atrás ganhei meu primeiro computador, um Windows XP com 256 MB de memória RAM e um incrível HD de 40 GB.

Na época meu computador era o que tinha de mais moderno, foi o primeiro computador que saiu com Intel Pentium IV e era o computador que aguentava rodar jogos no meu tempo.

O computador era uma lenda do seu tempo.

E claro, eu utilizava esse PC para jogos, para trabalhos de escola, para tudo.

Porém, embora o computador fosse muito bom, ele não tinha aterramento, então o monitor, que na época ainda era de tubo, gerava muita energia estática e acabava dando choque se por acaso você encostasse o dedo na tela.

Eu tinha muita mania de encostar o dedo na tela, minha casa vivia sempre cheia de amigos, eu sempre estava fazendo trabalhos de escola, e volta e meia tinha de apontar algum texto, imagem ou afins na tela.

Todas as vezes que eu tocava no monitor, era aquele choque.

E meus amigos também, todas as vezes que eles estavam na minha casa e encostavam o dedo na tela do monitor, era um choque enorme.

Bem, aquilo foi criando um trauma, e depois de levar uns 10 choques, eu NUNCA mais toquei na tela de um computador.

Até hoje, tenho meu notebook do ano, novo, e sei que ele não dá choque.

Mas ainda assim, todas as vezes que vou limpar a tela do notebook, só faço com ele desligado e fora da tomada.

Nunca mais coloquei o dedo na tela, nem mesmo em televisões.

Eu simplesmente criei um marcador somático referente à essa dor, e mesmo essa dor ficando no passado, mesmo eu nunca mais tendo sentido ela, ainda assim eu permaneço tentando evitá-la.

A parte mais interessante dessa história é que tenho amigos, que de tanto conviver na minha casa e fazermos trabalhos juntos, até hoje não encostam na tela de seus computadores também.

O marcador somático não foi apenas em mim, mas em todos nós.

As pessoas evitam dores e frustrações.

É muito importante entender as dores do seu público alvo exatamente por conta dos marcadores somáticos.

Se existe uma dor, e essa dor já aconteceu, já fez parte de alguma forma da vida de seu público alvo, naturalmente eles tentarão evitar de viver essa dor novamente.

Ou seja, quando você associa o seu produto como um solucionador dessa dor, como uma opção da pessoa jamais sentir essa dor novamente, isso acaba acionando os marcadores somáticos existentes no cérebro.

Esses marcadores são ferramentas de auto preservação, ferramentas de proteção, então quando seu cérebro entende que a partir de hoje ele não precisa mais ficar em alerta, que existe um produto para solucionar essa dor, naturalmente o seu lado inconsciente do cérebro começa a agir.

Quando isso acontece, o cérebro entende que é muito mais fácil comprar um produto e resolver a dor, do que ficar sempre de alerta, sempre tenso e preocupado evitando pisar em ovos.

E graças a esses marcadores somáticos, o processo de venda fica muito mais fácil.

Vou te dar um exemplo prático.

Suponhamos que uma mãe está passeando com o filho e passa na porta de uma loja de brinquedos.

A criança vê algo interessante e pede pra mãe, e essa mãe até fica com vontade de presentear o filho, afinal ele anda muito obediente, carinhoso, ou seja, ele anda merecendo isso e muito mais.

O único problema é que essa mãe não tem dinheiro, e precisa olhar nos olhos do filho e dizer: "A mamãe não tem dinheiro, não pode te dar esse brinquedo hoje."

Isso gera uma dor enorme, não dor física, mas dor psicológica.

Essa mãe se sente humilhada, desmerecida, impotente e junta todo um combo de sentimentos ruins.

Ela não quer jamais passar por essa situação novamente.

Então um belo dia ela descobre na internet um curso de renda extra e vai assistir o vídeo de vendas do curso, pra entender o que aquele curso realmente ensinará.

Mas no vídeo de vendas, o vendedor não dá muitos detalhes sobre o curso de fato, mas toca em uma dor, ele diz mais ou menos assim:

- "Você nunca mais precisará negar nada para seus filhos, você terá renda suficiente para dar a eles tudo aquilo que você não teve."

Essa frase, embora simples, acabou de bater lá no marcador somático daquela mãe.

Porque ela queria ter condições para presentear o filho.

Naturalmente, mesmo que seja apenas uma frase, simples, ela se conecta com toda uma lembrança daquela mãe, ela ativa uma emoção.

E a partir do momento que as emoções entram no jogo, a razão vai embora.

A partir daquele momento, não são necessários mais argumentos para se vender aquele produto, porque o copywriter já tocou na dor, já criou uma conexão, já fez aquela mãe entender que o produto é a transformação que ela precisava.

Quando isso acontece, o cliente, possível consumidor, não consegue mais resistir ao impulso emocional.

Nessa hora a venda já está feita, a mãe só não sabe ainda, mas na hora que ele der o preço e chamar pra ação, dizer: "Compre já".

Vai ser instintivamente o clique no botão de comprar.

A configuração secreta do nosso cérebro

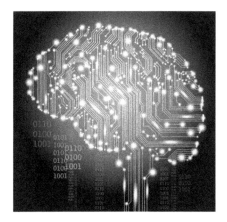

Existe uma configuração presente em todos os cérebros humanos que a maioria das pessoas desconhece, é uma configuração que visa a economia de energia.

Como mencionado anteriormente, o cérebro tem mecanismos de defesa, autoproteção e etc.

Dentre esses mecanismos, existe um voltado para economia de energia, ou seja, para gastarmos o mínimo possível de esforço pensando, e dessa forma evitar que o cérebro entre em fadiga ou coisa do tipo.

Essa configuração fica bem visível quando você começa a analisar como funciona a zona de conforto.

Por que as pessoas permanecem na zona de conforto?

Por que ninguém gosta de começar um novo empreendimento?

Por que as pessoas têm tanta preguiça de ler, preferem ver filmes por exemplo?

Tudo isso faz parte dessa configuração de economia de energia, ou seja, as pessoas querem sempre o caminho da passividade, o caminho que gasta menos esforço, menos dedicação.

Então, é graças a essa configuração que os marcadores somáticos funcionam como ferramentas poderosas de vendas.

Pensa comigo, se você tem uma dor muito forte em sua vida, o cérebro cria um marcador somático pra evitar futuras dores.

Naturalmente seu cérebro precisará estar sempre em atividade, sempre gastando energia, para te manter alerta, te manter apreensivo, tudo isso pra evitar uma futura dor, um futuro constrangimento.

Porém, imagina eu dizer para o seu cérebro:

- Ei, a partir de hoje você pode desligar esse alerta e descansar, tem um produto aqui que resolve essa dor, então se você comprá-lo, vai poder desligar esse marcador somático e economizar sua energia, da forma como você foi programado.

Imediatamente, seu lado inconsciente do cérebro vai começar a trabalhar em prol dessa economia de energia.

Então surgirá em você um desejo incontrolável de comprar o produto sem você nem entender de onde vem esse desejo.

Isso é nada mais nada menos que o copywriting agindo!

É a técnica centenária de persuasão criando um caminho, um atalho na sua tomada de decisão e te influenciando a comprar um produto.

A estrutura de um texto de copywriting

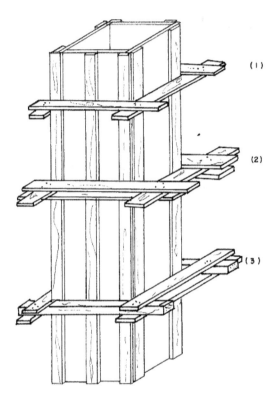

(1)

(2)

(3)

Obviamente um texto de copywriting não é apenas entender a dor do público alvo, existe uma estrutura bem elaborada na criação do texto que faz com que ele seja tão persuasivo!

Existe o lugar correto para se inserir as dores, o lugar correto para inserir a solução, o lugar correto para chamar a pessoa para comprar o produto.

Existe toda uma estrutura bem planejada para que seu texto realmente vá de encontro com o lado inconsciente do cérebro humano.

Primeiro vou te entregar a estrutura completa e posteriormente vou explicar cada parte dessa estrutura:

Chame a atenção

Toque na dor ou problema

Apresente a solução

Mostre suas credenciais

Liste os benefícios

Prove

Faça a oferta

Use a escassez

Dê garantia

Chame para ação

Então vamos lá para a explicação individual:

Chamar a atenção:

A maioria das pessoas tem seu tempo escasso, precisam estar sempre atentas a muitas coisas, notificações, trânsito e etc.

Então antes de entregar sua mensagem, você precisa chamar a atenção.

Na parte de gatilhos mentais, mais adiante neste livro, você entenderá o que é um gancho de atenção e como formular uma headline.

Esses conhecimentos te ajudarão a chamar a atenção do público antes de entregar a mensagem:

Tocar na Dor ou Problema:

As pessoas têm marcadores somáticos e toda uma configuração mental para economia de energia.

Nessa parte da copy, no começo do texto, é necessário falar dessas dores, falar dos problemas, porque essa é sua forma de gerar consciência a respeito do problema.

Talvez a pessoa até tenha uma dor, um problema, mas não necessariamente esteja lembrando.

Nessa parte do texto você descreverá todas as dores e problemas que você conseguiu identificar na pesquisa do seu público alvo, na pesquisa da sua persona.

A Solução:

Obviamente a solução para as dores e problemas do seu público é o seu produto.

Apresente essa solução em forma de transformação.

Você já descreveu o problema anteriormente, agora é hora de descrever aquilo que seu cliente se tornará após comprar o produto.

Lembre-se: O homem que vai em uma loja de ferramentas comprar uma furadeira, não quer comprar uma furadeira, ele quer comprar o furo!

Descreva com clareza aquilo que o seu cliente se tornará APÓS consumir o seu produto.

Credenciais:

A pessoa já tem consciência da dor, tem consciência do seu produto, ela já sabe que você apresenta o produto como uma solução para o problema, mas essa pessoa ainda tem as objeções básicas.

Por exemplo, por que ela deveria confiar em você, naquilo que você diz?

Nessa hora você precisa explicar para a audiência o motivo da sua palavra merecer confiança.

O que você tem de autoridade no assunto para que as pessoas confiem em você?

Nessa hora é bom expor suas formações acadêmicas, seus anos de experiência, quantas pessoas você já ajudou com o seu produto.

Benefícios:

Lembra daquele exemplo da academia lá no começo do livro?

Onde mencionei essa frase:

- Venha malhar em minha academia, aqui temos água gelada, ar-condicionado, televisão em frente às esteiras, ambiente agradável, máquinas novas e profissionais qualificados.

Bem, neste momento você poderá falar do seu produto, e não apenas poderá como deverá.

Essa parte do texto é quando você foca no produto e esquece a persona.

Aqui você já tocou na dor, já mostrou a solução, a transformação, suas credenciais.

Então nesse momento é bom falar um pouco a respeito do produto, seus benefícios, vantagens, bônus, brindes e etc.

Prova:

Neste momento do texto as pessoas já estão praticamente convertidas em clientes.

Porém algumas pessoas (poucas), ainda se perguntam:

- Essa promessa está boa demais, será que realmente vale a pena?

Então essa é a hora de você colocar na cabeça das pessoas a prova de que o produto funciona.

Isso pode ser feito através de um depoimento, ou através da quantidade de pessoas que já foram transformadas pelo produto.

Por exemplo, deixando isso literal em um texto:

- "Semana passada recebi um feedback de um cliente que ganhou 10 mil reais por mês seguindo nosso método de renda extra."

- "Já são mais de 10 mil pessoas que mudaram de vida através desse método de renda extra, ele é 100% comprovado e validado."

Oferta:

Aqui já não existem mais objeções a não ser o preço do produto.

Para que essa objeção seja quebrada, você precisa mostrar o quão barato está o produto e mostrar as opções de parcelamento.

O ideal é comparar o seu produto com algum produto beeeem caro do mercado, algum similar, e mostrar que as parcelas cabem no bolso.

Por exemplo:

- A maioria dos produtos concorrentes custam 200 reais, mas eu sei que esse valor é caro, por isso estou trabalhando com um produto que custa metade do preço, e você ainda poderá parcelar em 12x de R$ 10,00. Dá pouco mais de 30 centavos por dia, mais barato que um pão francês.

A pessoa entende que está pagando algo que cabe no bolso.

Escassez:

Aqui entramos na área dos gatilhos mentais.

Como mencionado anteriormente, gostamos de economizar energia e por isso acabamos procrastinando em algumas coisas, inclusive em decisões importantes.

Por isso é necessário criar escassez, gerar senso de urgência pra pessoa tomar aquela iniciativa naquele momento:

- Essas são as minhas últimas peças desse produto, e vários clientes estão atrás. Sem mencionar que o preço vai subir amanhã… Se você não comprar agora, vai ficar sem ou pode pagar mais caro.

Garantia:

Para eliminar qualquer tipo de objeção que possa ter sobrado, você precisa garantir essa compra para o seu cliente.

Ou seja, dê a ele alguns dias ou meses de garantia.

Diga que o produto pode ser devolvido ou trocado em caso de insatisfação.

Se existia qualquer objeção, dúvida, a pessoa elimina com as garantias, porque agora não há risco algum de prejuízo.

Chamada para ação:

Ainda fazendo parte da configuração de economia de energia do nosso cérebro, nós procrastinamos nas nossas tomadas de decisão.

Então algumas vezes, para nos mover do lugar, nos tirar da inércia, é necessário um impulso, um pequeno empurrãozinho.

Esse é o papel da chamada para ação.

Dar aquele gás final que estava faltando, por exemplo:

- Compre já
- Clique no botão agora mesmo
- Se inscreva agora
- Compre agora
- Faça já sua inscrição

O tempero que dá sabor à copy

Você sabe que comer uma carne sem tempero é totalmente diferente de comer uma carne bem temperada.

Quanto melhor o tempero, mais palatável fica o alimento.

Com os textos de copywriting, nós temos um tempero especial, que dá ainda mais sabor ao texto e os torna ainda mais persuasivos.

Esse tempero se chama: Gatilhos mentais.

Eles são inseridos dentro do texto sem muita regra, sem muito padrão.

Eles podem ser colocados em qualquer lugar da estrutura, desde que se encaixem com o objetivo daquela sessão do texto.

Gatilhos mentais são literalmente iguais à tempero.

Na comida você pode colocar: Alho, sal, pimenta, limão, alecrim e vários outros tipos de ingredientes.

Porém não é necessário adicionar todos, você pode adicionar apenas sal, ou apenas pimenta e assim por diante.

Você pode fazer a receita inteira mas não colocar limão, ou quem sabe ignorar o alecrim.

No texto de copy funciona da mesma maneira.

Você pode inserir 17 gatilhos dentro de um texto, porém você também pode escrever o mesmo texto com apenas 3 ou 4 gatilhos.

Não tem regra, não tem padrão, é apenas um tempero para dar mais sabor ao texto e torná-lo uma máquina de vendas.

Como surgiram os gatilhos mentais

Para entender o funcionamento dos gatilhos mentais, preciso entrar um pouco na história deles, na origem, porque uma vez que você entender essas origens, conseguirá compreender o motivo desses gatilhos funcionarem, o motivo deles serem tão poderosos.

Você já ouviu falar daquele personagem americano chamado Tio Sam?

Um senhor vestido com as roupas da bandeira dos Estados Unidos, chapéu e apontando o dedo para você?

O personagem tinha uma fala icônica que todos os americanos conhecem: "I want you", ou em português: "Eu quero você".

Bem, o Tio Sam foi o grande precursor do marketing persuasivo como conhecemos hoje.

Na época, bem antigamente, meados do ano 1870, os Estados Unidos vinham se envolvendo em uma guerra atrás da outra, primeiro a guerra anglo americana, depois guerra civil do norte contra o sul, ao mesmo tempo colonização do velho oeste, ou seja, eram muitas guerras.

E claro, onde tem guerras precisam haver soldados, precisa ter gente disposta a lutar e se for o caso morrer.

Nos Estados Unidos os camponeses estavam cansados de tantas guerras, ninguém mais queria se alistar no exército, ninguém mais queria se expor tanto.

Com isso o número de soldados foi caindo, caindo, caindo, e viu-se necessário uma campanha para arrebanhar soldados, para motivá-los a se alistarem.

Nessa época, não se sabe exatamente quem, mas resolveram transformar o Tio Sam em uma espécie de ícone americano, e começaram a criar campanhas focadas no emocional, ou seja, pela primeira vez na história estavam usando a emoção como forma de persuadir os camponeses a se alistarem no exército.

Claro, na época tudo isso era muito mais intuitivo do que realmente planejado, ou seja, os publicitários da época percebiam que alguns jogos de palavras davam certo, e usavam esses jogos de palavras para convencer que as pessoas virassem soldados.

Até aquele momento não existia técnica, não se tinha nome para aquela técnica, eles só sabiam que dava certo e com isso continuavam a recrutar.

Essas técnicas foram um sucesso e desde aquela época os americanos continuaram usando persuasão para alistar soldados.

Em 1914, eis que surge uma guerra ainda maior, a primeira guerra mundial, que não englobava apenas os Estados Unidos, mas todo o mundo, e claro, nessa época eles já vinham aperfeiçoando bastante as técnicas de persuasão e arrebanharam milhões de soldados para a batalha.

A guerra terminou em 1918, mas as consequências dela não terminaram por aí.

Como a guerra normalmente destrói muitas coisas, como por exemplo: A economia dos países, as edificações, as indústrias e fábricas, as moradias.

Muitos países ficaram devastados, em todos os sentidos, e essa guerra acabou dando início a uma crise, porque as pessoas perderam suas economias, e as que não perderam guardavam seus dólares, euros e afins, na intenção de se proteger em caso de possíveis recessões.

Dito e feito, como o pessoal começou a poupar muito dinheiro e não gastar nada, o dinheiro não circulava na economia e com isso deu início à crise de 1929.

Crise de 1929

Se você se lembra das matérias de história que estudou no ensino médio, provavelmente deve se lembrar da crise de 1929, porém se você não se lembra, vou te explicar como tudo aconteceu.

O dólar até 1970 era lastreado ao ouro, e o que isso significa?

Bem, significa que se você tivesse 1 dólar em mãos, naquela época esse dólar valia uma quantidade em ouro, que você poderia ir até o Federal Reserve e sacar.

Ou seja, durante crises financeiras o ouro é a moeda com maior segurança e menos volatilidade, quem tem ouro em mãos tem segurança porque o preço do ouro é a nível mundial, a moeda do mundo.

Então naquela época você não corria riscos do preço do dólar derreter em meio a uma guerra, por causa do lastro em ouro.

Ter dólares em mãos era mais seguro do que ter imóveis ou terras, mais seguro do que ter ações ou fundos de investimentos.

Dinheiro vivo naquela época era a maior segurança.

E em meados de 1929, estávamos no auge da revolução industrial, a produção de aço estava a todo vapor e com isso se construíam arranha-céus, ferrovias, e tudo isso movimentava a economia, esses mercados empregavam muita gente que gastavam seus salários com carros, roupas, entre outras coisas.

Bem, quando veio a crise, do nada as pessoas pararam de gastar, diminuíram seus custos, seus estilos de vida, e não se girava mais dinheiro.

Obviamente as empresas começaram a quebrar, pensa bem, uma fábrica igual a General Motors, que tinha capacidade para produzir 100 carros por dia, produzindo esses carros sem vender.

Imagina o prejuízo que essa guerra estava causando para a economia.

E claro, tudo isso era um problema emocional, as pessoas não consumiam por medo, receio do que as aguardava no futuro.

Então neste cenário caótico, um publicitário da época teve uma ideia, utilizar a emoção, só que dessa vez não apenas para convocar para guerras, mas sim a emoção voltada para a compra.

Esse publicitário percebeu que era hora de transformar a América de uma nação que compra por necessidades, para uma américa que compra pelo desejo.

Só que pra isso ele precisava entender melhor como usar a emoção, quais gatilhos realmente despertavam ações nas pessoas.

E foi através desses questionamentos que as pesquisas do famoso psicanalista Freud vieram a se tornar os famosos gatilhos mentais.

Edward Bernays

Edward Bernays é o nome do famoso publicitário que iniciou o uso do marketing emocional nos Estados Unidos.

Bernays era sobrinho de ninguém mais, ninguém menos que o famoso psicanalista Sigmund Freud.

Sim, aquele que criou teorias sobre personalidade, sobre comportamento humano e até hoje seus livros são utilizados em faculdades de psicologia e afins.

Freud tinha feito pesquisas sobre o comportamento humano, tinha descoberto que o ser humano é considerado um ser racional, mas na verdade a maioria de suas decisões eram tomadas baseadas na emoção, e que pequenos estímulos eram capazes de manipular essas emoções a fim de que a tomada de decisão fosse alterada.

Basicamente Freud descobriu que é possível por meio de palavras, textos, ou até mesmo estímulos visuais, despertar emoções, tanto positivas quanto negativas, e essas emoções influenciavam diretamente na tomada de decisão.

Claro, seu sobrinho Edward Bernays após ler as pesquisas de seu tio, percebeu que tudo aquilo era verdade.

Pensa comigo, se hoje surgir uma notícia de guerra no mundo, o que aconteceria com as bolsas de valores?

Derreteriam, óbvio, afinal começaria um efeito manada estimulado pelo medo, as pessoas venderiam todas suas posições em ações para evitar perder com a guerra.

Na crise de 1929, qual estímulo estava fazendo com que as pessoas não gastassem seu dinheiro?

Medo também, afinal elas tinham receio de vir uma crise ainda mais forte que lhes agravasse ainda mais a situação.

Ou seja, se você gera emoções, essas emoções acabam impactando de forma muito abrangente em tudo que as pessoas fazem.

Então o desafio naquele momento era: Despertar emoções que influenciassem na compra de produtos, despertar desejo através do emocional.

Os primeiros gatilhos mentais

Por incrível que pareça, a primeira estratégia de gatilho mental que se usou para vender produtos foi através da inveja!

Marcas que vendiam produtos mais voltados para homem, começaram a criar meio que uma espécie de competição, de comparação.

"Olha, seu vizinho tem um carro, você não! Ele pode mais do que você"

Quando perceberam que isso estava dando certo, começaram a criar senso de pertencimento e comunidade:

"Você vai ser o único homem da sua rua sem um carro?

Então o medo de ser o único, o medo de não ser igual, de não ser aceito em comunidade, começou a estimular a venda de carros.

Claro, que essas técnicas foram usadas por várias marcas para vender vários produtos.

Chegou-se ao ponto de numerarem esses gatilhos e colocá-los em ordem, sequência, e meio que traçar um padrão de uso para cada um deles.

Esses gatilhos viraram uma sensação e todas as multinacionais começaram buscar uma forma de usá-los.

Na época a única agência de publicidade em todo o Estados Unidos que fazia o uso desses gatilhos era a agência de Bernays, e claro, isso fez com que ele ficasse podre de rico.

Acredita-se que se sua fortuna fosse atualizada para os dias de hoje, ele seria bilionário!

Tudo isso por conta de gatilhos mentais.

E claro, talvez você tenha chegado até aqui se perguntando: Por que esses gatilhos funcionam? Qual a ciência por trás de tudo isso?

Bem, eu já imaginei que você teria essa dúvida, então vou te explicar a ciência por trás dos gatilhos!

A ciência por trás dos gatilhos!

Talvez você já tenha ouvido falar, talvez não, mas nosso cérebro é dividido em dois hemisférios, o esquerdo e o direito.

Esses hemisférios, embora façam parte do mesmo cérebro, eles têm funções diferentes dentro da nossa mente.

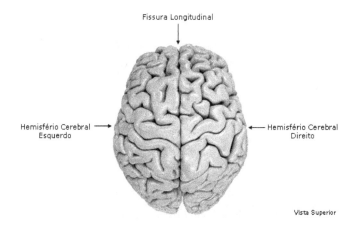

Basicamente funciona assim: Nossa parte direita do cérebro é a parte lógica, ou seja, é o hemisfério onde fazemos conta, é a parte do nosso cérebro que fica consciente, é onde conseguimos fazer contas matemáticas, usar a razão, ter pensamentos lineares.

Mas a parte esquerda do nosso cérebro é o oposto, em vez de ser uma parte lógica, ela é uma parte criativa, que abriga nossa mente inconsciente, é a parte do nosso cérebro onde temos pensamentos aleatórios, onde flui nossa imaginação, nossa intuição, e onde temos mais facilidade para lidar com imagens.

Apesar dessas duas partes do nosso cérebro trabalharem juntas a maior parte do tempo, ainda assim existem formas de separá-las, ou seja, existem formas de se comunicar apenas com um dos lados.

Por exemplo, quando você vai em uma loja, vê uma roupa muito linda, e em você bate aquele desejo de comprar, mas imediatamente você se lembra da conta de energia que está atrasada.

Esse é um exemplo das duas partes do seu cérebro trabalhando juntas.

Porque primeiro surgiu o desejo, a intuição, por parte do hemisfério esquerdo, e imediatamente sua outra parte do pensamento, a razão, entrou em cena pra te dizer que você não deveria.

Mas e se conseguíssemos isolar uma dessas partes e falar somente com a outra.

Por exemplo, quando você está apaixonado, mesmo que sua razão te diga lá no fundo que aquela pessoa não é pra você, ainda assim sua emoção fala mais forte, o coração sobressai a razão e você faz de tudo por aquela pessoa amada.

Ou seja, apesar de seu cérebro ter sido criado para que os dois hemisférios sempre trabalhem em conjunto, ainda assim há maneiras de conversar individualmente com cada hemisfério.

Para isso servem os gatilhos mentais.

Que são nada mais nada menos que estímulos, entregues ao cérebro em forma de texto, som ou imagens, que tem o papel de ir diretamente de encontro com o hemisfério esquerdo do cérebro!

Hipnose!

Você acredita em hipnose?

Provavelmente sim, afinal tantas pessoas se submetem a processos de hipnose ao vivo na TV, em programas, em documentários.

Bem, você já parou pra pensar no que é a hipnose?

A hipnose é nada mais nada menos do que estímulos que você envia para o cérebro.

O hipnólogo prepara o ambiente, captura sua atenção por meio de um pêndulo, um relógio, ou até mesmo a chama de uma vela, e cuidadosamente vai falando algumas palavras, te relaxando, te deixando em estado sonolento, e quando você menos imagina, está hipnotizado, ou seja, a hipnose usa apenas voz e algum objeto para capturar sua atenção.

E aí eu te pergunto, se é possível entrar no inconsciente de alguém e por meio de apenas palavras, fazer uma pessoa acreditar que o dia é noite, fazer uma pessoa acreditar que não pode mais se mover, e até mesmo fazer uma pessoa acreditar que não tem mais medos.

Se tudo isso é possível através da voz humana, será que através de um texto, um jogo de palavras, não seria possível ter um efeito semelhante ao da hipnose?

A verdade é que sim!

Nosso cérebro é vulnerável a textos, sons e imagens.

Vai me dizer que você nunca se emocionou assistindo um filme?

Mesmo sabendo que aquilo era ficção!

Vai me dizer que nunca se emocionou lendo uma mensagem romântica, ou de alguém pelo qual você tem muito carinho?

Bem, isso só acontece porque nossas emoções são vulneráveis a estímulos.

Então é possível você sentir vontade de comprar algo por causa de um simples texto, um simples gatilho!

Por isso resolvi te apresentar os gatilhos mentais mais famosos e mais usados do mundo!

Porque dessa forma você entenderá o que precisa fazer para vender seus produtos, suas ideias e literalmente hipnotizar pessoas através de pequenos textos.

E claro, a melhor parte de tudo isso, é que só você percebe o que está acontecendo, ninguém mais!

Gatilhos Mentais

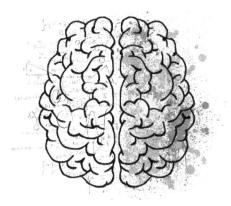

Vamos começar com uma lista dos principais gatilhos mentais e depois abordaremos um a um separadamente!

Separei os 18 principais gatilhos que normalmente compõem um texto de copywriting ou uma carta de vendas.

Esses 18 gatilhos podem ser utilizados juntos em um único texto, ou podem ser usados separadamente também.

Dá pra usar em forma de texto, vídeo, ou até mesmo em uma venda presencial, onde seu cliente faz perguntas sobre o produto e você naturalmente vai aplicando os gatilhos!

Vamos para a lista:

   - Gancho de atenção ou headline;

   - Gatilho mental da reciprocidade

- Gatilho mental da autoridade

- Gatilho mental da escassez

- Gatilho mental da urgência

- Gatilho mental do descaso

- Gatilho mental da dualidade (Relação dor x prazer)

- Gatilho mental da Prova social

- Gatilho mental da antecipação

- Gatilho mental do "Por que"

- Gatilho mental da Novidade

- Gatilho mental do inimigo em comum

- Gatilho mental Compromisso e coerência

- Gatilho mental Paradoxo das escolhas

- Gatilho mental da Simplicidade

- Gatilho mental da Ancoragem de preços

- Gatilho mental da curiosidade

- Gatilho mental da surpresa

Agora vamos para a explicação de cada um deles!

Gancho de atenção ou headline

Quando se vai hipnotizar alguém, você se lembra como o processo começa?

O hipnólogo balança um pêndulo e você precisa manter sua atenção no balançar daquele pêndulo, porque o processo de hipnose só funciona quando a atenção está totalmente voltada para a voz de quem está hipnotizando.

Nos gatilhos mentais não é diferente!

A atenção é seu ativo mais importante na hora de vender e pra isso você precisa capturá-la, você precisa fisgar!

E a grande questão é: Como capturar essa atenção?

Como fazer com que meu cliente queira me ouvir, queira ler meu texto e afins?

Simples, você pode fazer isso através da quebra de padrão.

O olho humano é naturalmente atraído por tudo aquilo que é diferente ou incomum.

Por exemplo, se existir em uma rua 10 outdoors, um do lado do outro, mas entre esses 10 outdoors apenas 1 estiver de cabeça pra baixo.

Adivinha para qual deles você irá olhar?

Óbvio, para aquele que é diferente.

Ou seja, em seu texto ou na sua abordagem ao cliente, você precisará de alguma forma quebrar o padrão, ser diferente.

É aquele famoso ditado: Quer chamar a atenção? Ande com uma melancia na cabeça!

Claro que você não fará isso ao pé da letra, mas já deu para entender que você precisará fugir do convencional, fugir do óbvio, não fazer igual todos já estão esperando ou imaginando!

E como se quebra esse padrão na prática?

Existem várias maneiras, tanto para texto quanto para abordagens pessoalmente, mas algo legal de se usar são:

- **Números**

Exemplo: Quero te contar os 3 principais motivos que normalmente levam as pessoas a comprar este produto.

Quando você simplifica em forma de números, tópicos, normalmente isso chama a atenção porque simplifica o entendimento, passa a impressão de ser algo fácil de entender.

Ou seja, na hora de enviar um e-mail, escrever uma postagem nas redes sociais, ou até mesmo ligar para o cliente, se você menciona que tudo aquilo que você quer dizer são 3 tópicos, a pessoa naturalmente se sente mais propensa a ouvir, a atenção é fisgada.

- **Controvérsias**

Outro bom exemplo de gancho de atenção são as controvérsias, por exemplo:

"Como emagrecer comendo."

Todo mundo sabe que o ato de comer está diretamente ligado ao ato de engordar, e não de emagrecer.

Quando você diz para as pessoas que elas vão emagrecer comendo, ou ganhar dinheiro gastando, ou entrar em forma descansando, você naturalmente criou uma controvérsia.

A Polishop é uma empresa campeã nesse tipo de abordagem!

Por exemplo, eles têm produtos que prometem que você entrará em forma deitado, assistindo TV.

Quando você vai ver o que realmente é aquilo ali, você percebe que é um aparelho que aplica choques elétricos e estimula o seu músculo a ficar sempre ativo.

Mas as pessoas só fixam sua atenção na propaganda por causa da controvérsia, por oferecer uma transformação que não exige transpiração.

Ou seja, todas as vezes que você criar uma controvérsia, as pessoas se interessarão no seu produto.

- **Curiosidade**

Exemplo: "Descubra o método financeiro que enriqueceu Warren Buffett"

Esse tipo de título, fala ou texto, meio que desperta curiosidade, porque você diz que existe um método, explica os resultados desse método mas não diz qual é ele.

Ou seja, naturalmente as pessoas ficam curiosas pelo menos para entender o que é esse método, como ele funciona.

- **Promessa**

Exemplo: "Emagreça 10 quilos em 1 mês sem treinos"

Basicamente é você fazer uma promessa, uma proposta, dizer que entrega um resultado X em um tempo Y, com condições Z.

Não tem segredo, é só prometer.

E claro, não custa nada lembrar que essa promessa precisa ser coerente, você precisa conseguir entregar aquilo que prometeu.

Mas resumindo tudo, isso é apenas o título, o gancho de atenção, em casos de abordagem ou caso você precise escrever a primeira linha de uma carta de vendas.

Agora iremos para os gatilhos mais práticos.

Gatilho mental da reciprocidade

Por incrível que pareça o ser humano tem uma natureza grata e recíproca, e o que significa isso?

Bem, significa que nós normalmente gostamos de devolver favores, devolver gentilezas.

Por exemplo, se você chega em uma loja de roupas e o atendente é muito atencioso, muito solícito, enquanto você experimenta as roupas no provador ele corre na cozinha e busca água, café e até algumas bolachas pra você.

Naturalmente você vai se sentir incomodado com toda a gentileza, mas claro, incomodado no bom sentido.

Você vai pensar dentro de seus pensamentos: "Poxa esse camarada está sendo tão gentil, preciso honrá-lo de alguma forma, comprar algo dele, nem que seja uma peça pequena."

Na internet isso acontece da mesma forma.

Por exemplo, você já viu o tanto de mini-cursos, e-books, masterclass, palestras, tudo 100% gratuito, onde você só precisa inscrever o e-mail para receber?

Bem, isso não é à toa, essas generosidades com conteúdos gratuitos ativam o gatilho mental da reciprocidade.

Uma vez que você recebe algo gratuito, que realmente te ajuda, que realmente agrega valor, mesmo que você não perceba, seu cérebro começa a acreditar que você está em débito, que você precisa devolver o favor.

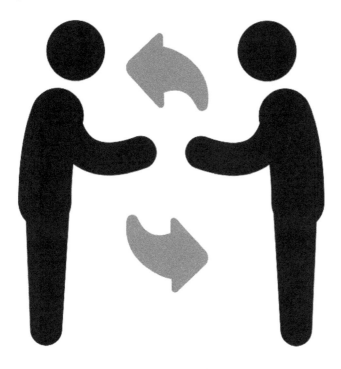

E por isso todas as vezes que você recebe um favor assim online, algo que poderia ser pago, mas estão te entregando gratuitamente, você meio que desarma suas defesas e a partir daquele momento fica buscando inconscientemente formas de devolver o favor.

Então se depois de baixar o e-book gratuito a pessoa te enviar uma oferta, você estará muito mais sugestivo a realizar aquela compra.

Gatilho mental da autoridade

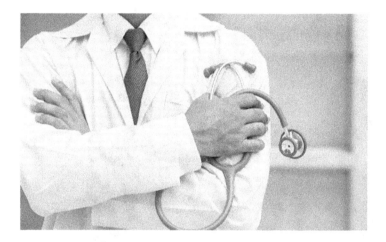

Me diz uma coisa, se você chega no hospital de sua cidade com muitas dores, você gostaria de ser atendido diretamente por um médico com anos de experiência ou por uma enfermeira recém contratada que ainda não tem experiência?

Não precisa nem responder essa pergunta porque ela é bem óbvia!

É claro que você prefere ser atendido pelo médico experiente, afinal ele é uma AUTORIDADE no assunto. Certo?

Bem, assim como esse exemplo da área da saúde, em tudo na vida buscamos a autoridade, a excelência.

Seu cliente é da mesma forma!

Uma das objeções que mais mata vendas é o medo, ou seja, medo do produto ser ruim, medo de fazer uma aquisição errada.

Por isso, no processo de uma venda, primeiro o cliente compra você, confia em você, para só então ele confiar no produto.

Quando você gera autoridade você está criando um ponto de referência para que seus clientes confiem e se apoiem nas suas sugestões.

Funciona mais ou menos assim, se seu parente distante, que não tem nenhum resultado na vida, te dizer que tem um negócio vantajoso, que quer você como sócio, quais as chances de você aceitar?

Provavelmente nenhuma!

Mas se o Bill Gates bater na sua porta com a mesma proposta, o mesmo projeto, você aceitaria antes mesmo dele terminar de falar!

Tudo isso porque o Bill Gates é autoridade, seu parente não!

E existem alguns meios de você conquistar essa autoridade por meio de um texto ou frase.

Por exemplo: mencionando seu tempo ou quantidade de experiência!

- Sou médico há 35 anos;
- Já pilotei mais de 500 aviões;
- Invisto na bolsa há 10 anos sem perder nada;
- Tenho mais de 5000 alunos.

Essas frases embora simples, transmitem autoridade, mostra para as pessoas que você realmente sabe o que faz!

Imagina você chegar em um hospital, prestes a fazer uma cirurgia e um médico te dizer:

- Sou médico há 35 anos, já fiz várias cirurgias iguais a essa sua, nunca perdi um paciente, minha equipe de auxiliares tem anos de experiência, pode ficar tranquilo que eu tenho costume de fazer isso.

Transmite muita confiança, não é mesmo?

Outra forma de transmitir autoridade instantânea é por meio de seus títulos ou certificações:

- Sou formado em Harvard;
- Sou doutor em direito;
- Sou certificado pela Academia Brasileira de letras;
- Sou PhD em tecnologia.

As pessoas percebem que estão falando com uma verdadeira autoridade!

A terceira e última forma que selecionei para te ensinar a criar autoridade é por meio da sua aparência.

Por exemplo, se você é um advogado, tem muita diferença para o seu cliente ver você chegando de Palio e ver você chegando de Mercedes.

Não estou dizendo que um carro influencia na sua competência, mas para o cliente que está vendo, a primeira coisa que ele pensa quando te vê chegando de Pálio é:

- Acho que não deve ser bom profissional, se fosse estaria ganhando mais dinheiro e já teria trocado de carro.

E em contrapartida, quando se chega de Mercedes imediatamente o cliente olha e pensa:

- Certeza que é uma autoridade no assunto, deve ser muito bom profissional, porque ganha muito dinheiro e anda de Mercedes.

Claro, não dá pra todo mundo comprar uma Mercedes apenas para fazer marketing.

Mas uma coisa que dá pra fazer é se vestir bem!

Até mesmo na internet!

Se você vai gravar um story, tirar uma foto, se preocupe com as roupas que você está usando, cenário, qualidade da foto, porque quanto mais amador você transparecer, pior será para sua autoridade.

Agora se todas as vezes que você aparecer na telinha você estiver bem arrumado, cabelo penteado, cenário bonito, naturalmente as pessoas vão enxergar isso como autoridade e como reflexo de sucesso.

Naturalmente vão confiar em você e aceitar suas sugestões.

Agora se você tem algum título, por exemplo: bacharel, tem experiência na área a alguns anos e ainda se veste bem.

Você fez o combo!

Vai ser impossível sua audiência não reconhecer sua autoridade!

Gatilho mental da escassez

.

Este é um dos gatilhos mentais mais poderosos que existe!

Afinal tudo que é escasso tem muito valor!

Sem mencionar que as pessoas morrem de medo de perder!

Basicamente a estrutura desse gatilho é mostrar que algo está acabando, que só tem aquele, e usar essa escassez, essa falta, como forma de te convencer a tomar uma iniciativa imediata!

- Últimas unidades;
- Vagas limitadas;
- Bônus apenas para os 20 primeiros;
- Desconto só até hoje;

As pessoas naturalmente precisam de tempo para se decidir, elas precisam pensar, refletir, colocar seu lado racional do cérebro para pensar.

Na hora de comprar um produto, o cérebro vai trabalhando em cima de prós ou contras.

Devo comprar ou não devo?

Sua mente lógica começa a fazer contas, pra ver se aquele produto cabe na sua receita, começa a refletir se você realmente precisa daquilo.

Mas quando você gera escassez, explica que as unidades daquele produto estão acabando e que a qualquer momento a última pode ser vendida.

Seu cérebro entende que não tem mais tanto tempo pra pensar, para chegar no resultado.

Então a tomada de decisão precisa ser antecipada.

Nessa hora seus neurônios meio que criam um atalho, em vez da decisão passar pelo crivo da lógica, ela vai direto para a parte de "sim ou não".

E como existe o medo de perder.

As pessoas acabam optando pelo sim!

Gatilho mental da urgência

Este gatilho é um pouco parecido com o gatilho da escassez, porque de certa forma ele também faz uma limitação!

No gatilho da escassez, tornamos escasso a quantidade de produtos, a quantidade de bônus, ou a quantidade de descontos.

No gatilho da urgência tornamos escasso o tempo para a decisão.

Vou te dar um exemplo.

Suponhamos que você vai em um restaurante, o garçom te entrega o cardápio e fica ali do seu lado esperando você pedir alguma coisa.

Você fica olhando o cardápio, pensando, pensando e não chega a uma decisão.

Mas se o garçom virar pra você e te disser: "A cozinha só aceita pedidos até as 23 horas, faltam apenas 2 minutos, você precisa correr ou ficará sem ter como fazer o pedido."

Imediatamente você vai antecipar o processo de decisão, você vai olhar o cardápio e pedir alguma coisa meio no susto, meio que na intuição.

Tudo isso porque seu tempo está acabando, você precisa agir urgentemente.

Ou seja, novamente, esse gatilho da urgência funciona no cérebro de forma semelhante ao gatilho da escassez.

Porque na hora que você se vê diante de uma urgência, precisando tomar uma decisão rápida, você ignora toda a razão e todo o processo de tomada de decisão para escolher um prato 100% com base na emoção e na intuição.

Ou seja, se o seu cliente estiver indeciso para comprar seu produto e você adicionar de alguma forma urgência.

Pode ter certeza que a venda sai!

Algumas formas de inserir urgência:

- Só até hoje;
- Sua última chance;
- Você precisa decidir imediatamente;
- Compre agora ou nunca;
- Hoje é o último dia.

Gatilho mental do descaso

Você já se apaixonou por alguém que só te maltratava, não te dava atenção, até que algum dia te deram o conselho:

"Dá um gelo nessa pessoa que ela te valoriza."

E você ouviu o conselho, deu o gelo e parece que do nada, em um passe de mágica, a pessoa que você tanto estava afim começou a correr atrás de você, se importar com você?

Bem, esse negócio de dar um gelo nas pessoas funciona em relacionamentos amorosos e também com clientes!

Existe um gatilho mental chamado: Gatilho mental do descaso.

Que é justamente isso, o gatilho mental de você não se importar demais!

É igual aquela história das borboletas.

Se você correr atrás das borboletas elas sempre vão fugir de você.

O ser humano tem tendência a evitar tudo aquilo que se aproxima muito rápido de sua direção, isso vale para pessoas, animais e também vendedores.

Ou seja, se você vai com muita sede ao pote tentando vender, naturalmente seu cliente vai se assustar, te evitar, te achar muito grudento.

(Talvez seja por isso que as pessoas normalmente DETESTAM ser atendidas por vendedores em lojas)

O grande segredo desse gatilho é você fingir que não quer vender.

Como assim?

É você deixar que o seu cliente venha até você, deixar que ele ligue atrás, que ele tome as iniciativas.

Vou te dar um exemplo.

Seu cliente combinou de te ligar às 19 horas para dizer se fica ou não com o produto.

Deu 19 horas e ele não ligou?

Ótimo, não ligue atrás, ele fez o compromisso então a iniciativa precisa partir dele.

Outro exemplo: você vende pela internet e seu cliente te mandou um direct no Instagram?

Se você responde muito rápido, dá a impressão que você está desesperado.

Você NÃO pode estar 100% disponível, você não pode aceitar tudo que o cliente diz.

Por exemplo, o cliente te diz: "posso te ligar aí agora pra tirar algumas dúvidas?"

Você precisa usar o descaso, responder: "agora eu não posso, pode me ligar em 30 minutos?"

Porque é a forma do seu cliente ver que você atende outras pessoas e que ele não tem privilégio algum.

A partir do momento que seu cliente se sentir muito privilegiado, ele vai perceber que você está desesperado por vender e nessa hora ele perceberá que está na vantagem para negociar.

O segredo é você transparecer descaso, não no sentido de falta de educação, mas para seu cliente perceber que ele não é único, perceber que vocês são iguais.

Seu cliente precisa perceber que você não está tentando convencê-lo de nada, está apenas ofertando um produto que facilitará a vida dele.

Não tem nenhum favor envolvido, é um ganha-ganha para todos.

Gatilho mental da dualidade.

O gatilho mental da dualidade também pode ser descrito como gatilho da relação dor x prazer.

Basicamente esse gatilho consiste em você apresentar dois cenários para o seu cliente e deixar que ele escolha aquele que mais lhe agrade.

Vou te dar um exemplo:

"Imagine se a partir de hoje você nunca mais for na academia e começar a se alimentar mal, onde sua saúde vai parar? Como ficará seu corpo, pele, cabelo, energia? Para onde irá sua disposição e desempenho sexual? Você realmente caminhará para uma fase muito difícil!
Mas é claro que você não precisa passar por nada disso, porque se você se inscrever em nosso plano anual de treinos, além de economizar bastante na mensalidade da academia, você ainda vai ter acesso à dietas, acompanhamento nutricional e poderá se manter em forma, com energia, com bom desempenho, corpo bonito e saudável."

Percebeu que em um texto pequeno eu apresentei 2 cenários?

Um cenário negativo de dor e outro cenário positivo de prazer.

No meio desse cenário tem um produto: A assinatura anual da academia.

Ou seja, o gatilho da dualidade é sempre usado dessa forma.

Uma espécie de antes e depois.

Dois cenários opostos, um com o seu produto, outro sem.

Você pode aplicar de várias formas e em vários mercados:

"Imagine andar pela rua e todo mundo te olhar, te julgar, tudo isso por conta de suas roupas... Imagina todo mundo te achando brega, mal vestida.

Isso não precisa acontecer com você.

Em nossa loja temos as roupas da moda, a sensação do momento. Você vai andar pelas ruas e todo mundo vai te olhar buscando saber onde você comprou aquelas roupas, te achando chique e bem vestida."

Percebe?

Sempre dois cenários!

Gatilho mental da Prova social

Você se lembra dos depoimentos do Orkut?

Onde a pessoa dizia ali de forma aberta ao público tudo aquilo que ela pensava sobre você?

Bem, o gatilho da prova social é basicamente isso.

São depoimentos a respeito do seu produto ou serviço.

Vou te dar um exemplo:

Sabe quando seu cliente vai no seu Instagram e te manda um direct?

"Nossa estou passando para agradecer, seu produto é realmente muito bom."

Esse direct é uma prova social, uma vez que você tire um print desse depoimento e poste em suas redes sociais, muitas pessoas que antes estavam na dúvida sobre comprar ou não seu produto, vão perceber a prova social, ou seja, vão perceber que o produto é aprovado por outros clientes.

Quer um exemplo prático de prova social no dia a dia e que você nem percebe?

Se você chega em uma praça de alimentação de shopping para comer, você tem em mente que vai comer hambúrguer.

Dentro do shopping só tem 2 estabelecimentos que vendem hambúrguer, um deles tem uma fila enorme, o outro não tem absolutamente ninguém!

Em sua cabeça, qual restaurante é melhor?

Com fila ou sem fila?

Obviamente você vai interpretar que o restaurante com fila é melhor, afinal se tem fila é porque a comida é boa.

E provavelmente também você vai preferir comer onde tem fila, mesmo que haja demora!

Afinal a comida desse lugar já foi validada, aprovada socialmente.

Gatilho mental da antecipação

Esse gatilho é mais usado para criar expectativa de algo que ainda está por vir!

E talvez você até pense que esse gatilho é fraco ou não vale a pena, mas quero te explicar um pouco melhor sobre como nosso cérebro funciona.

Nossa mente não sabe distinguir o que é imaginação do que é real.

Nosso lado consciente até sabe utilizar a lógica para distinguir realidade de ficção, mas nosso cérebro inconsciente não distingue.

Então, por exemplo, se você chega em uma farmácia para tomar uma injeção.

Quando o farmacêutico antecipa que vai dar um beliscão no braço, quando ele vem chegando perto com a agulha, você imediatamente imagina a dor, fecha os olhos, vira para o lado, você meio que vive a experiência antes mesmo dela acontecer.

É a mesma coisa com cócegas.

Se você antecipa para uma criança que vai fazer cócegas nela, pode observar que ela começará a rir antes mesmo que você comece de fato.

Tudo isso porque a mente começa a viver toda aquela experiência antes mesmo dela acontecer.

Ou seja, no seu negócio isso também é possível.

Fazer o seu cliente viver a experiência antes que ela aconteça.

Vou te dar um exemplo prático: Eventos!

Se você é fã de uma dupla sertaneja e eles marcam um show em sua cidade para daqui 15 dias.

Durante os próximos 15 dias você cria a expectativa e vive a experiência do evento em sua mente, através da imaginação.

Na sua empresa você pode usar esse mesmo fator para criar expectativa nos clientes.

Pensa bem, você vende roupa?

- "Daqui uma semana vai chegar a nova coleção com preço promocional."

As pessoas já se programam para esse dia.

Você trabalha com venda de algum produto pela internet?

- "Em 10 dias vou anunciar meu novo site, com várias surpresas, promoções e produtos novos"

Sempre tem um jeito de criar essa antecipação.

Aplique em seu negócio e você verá a diferença.

Gatilho mental do "Por quê"

A nossa mente toma as suas decisões com base em emoção, isso é fato!

Porém, apesar das decisões serem tomadas com base em emoção, muitas vezes tentamos justificar com a razão.

Por exemplo, quantas vezes você comprou algo que não precisava, por impulso, algo 100% emocional, e depois se arrependeu da compra, mas ainda assim você dizia pra si mesmo: "Ah mas pelo menos o preço estava com desconto."

Ou seja, mesmo que a gente cometa erros, ainda assim buscamos uma justificativa para nossos erros.

E é justamente aí que entra o gatilho mental do por quê.

Basicamente esse gatilho funciona como uma justificativa para as ações.

Exemplo:

"Você pode comprar esse curso sem medo, porque mesmo que ele não funcione, pelo menos você não perde nada também, afinal tem uma garantia de 7 dias."

Ou...

"Invista na bolsa de valores, porque mesmo que você perca seu dinheiro, você ainda assim ganha experiência e estará mais preparado para a próxima vez."

Ou ainda...

"Faça um seguro imobiliário, porque ainda que você nunca precise usar, é muito melhor ter a segurança do que correr o risco."

Resumindo, quando você dá um motivo para as pessoas, elas tem argumentos para justificar o emocional.

Então, ainda que a tomada de decisão aconteça no impulso, no hemisfério esquerdo, você não corre o risco do cliente ter uma crise de consciência no meio da compra.

Tudo isso porque você deu argumentos, motivos para que o lado racional do cérebro fique em paz e não se intrometa.

Percebe que se tratando de gatilhos mentais, conversamos separadamente com cada área do cérebro?

Gatilho mental da Novidade

Querendo ou não, todas as pessoas gostam de novidade, gostam das coisas novas, de descobrirem algo que ainda não aconteceu.

É a natureza do ser humano, tudo que é novidade, tudo que é novo, acaba atraindo multidões de pessoas.

Vou te dar um exemplo de como esse gatilho mental normalmente é utilizado por grandes empresas.

A Apple desde os tempos de Steve Jobs, todos os meses de Setembro vem preparando eventos de lançamento.

Nesses eventos todos os fãs de carteirinha da marca já ficam aguardando pelas novidades.

Tem ano que a Apple lança produtos novos, tem outros anos que a empresa apenas atualiza os produtos que já estão em mercado, não importa, mas todo ano tem algo novo, uma novidade, uma atualização da marca.

Outro bom exemplo do gatilho mental da novidade são os desfiles de moda.

Toda estação que entra, as grandes marcas de roupas, calçados e acessórios criam desfiles de moda para apresentar as novidades para a estação.

São lançamentos de roupas, novas coleções, novas tendências, tudo é novidade.

E acredite, essas novidades acabam ditando a moda.

Se você fizer uma comparação de como nos vestimos hoje e como nos vestíamos em plenos anos 80, você vai ver que aderimos à novidade.

Ou seja, nós gostamos de coisas novas, de novidades.

Mas a grande questão é: Como adaptar isso em meu negócio?

Simples, através da atualização dos seus produtos ou serviços.

Claro, essa atualização precisa ser real, precisa de fato trazer alguma melhoria, algo que realmente as pessoas interpretem como novo.

Por exemplo: "Este é meu novo curso de copywriting, a versão 2.0"

"Essas roupas são da nova coleção outono-inverno."

"Este é um método novo no mercado."

Todas essas formas despertam o gatilho mental da curiosidade.

É só aplicar e fará toda a diferença.

Gatilho mental do Inimigo em Comum

Esse gatilho é muito poderoso e a maioria das pessoas até hoje não aprendeu como utilizá-lo.

Basicamente esse gatilho consiste em dar para sua audiência um inimigo para combatermos juntos.

E como isso funciona? O que é de fato um inimigo em comum?

Bem, vou te dar alguns exemplos para que isso se torne um pouco mais visual para você.

Hoje muito se fala a respeito de aquecimento global, poluição, e claro, as pessoas lutam para encontrar formas de combater tudo isso, diminuir a geração de lixo, diminuir a quantidade de poluentes no ar.

Isso é um inimigo, um inimigo que vem lutando contra o nosso planeta Terra.

Muitas empresas criam suas campanhas de marketing na intenção de combater esse inimigo!

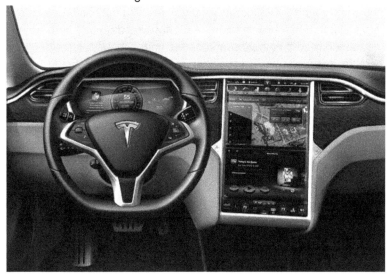

Um bom exemplo disso é a Tesla Motors, empresa do bilionário Elon Musk.

A Tesla é uma empresa que começou a criar carros elétricos na intenção de diminuir a quantidade de carros movidos a combustíveis fósseis.

Dessa forma o mundo geraria menos poluentes e seria um lugar melhor e mais saudável.

Muita gente comprou a ideia e essa pegada dos carros elétricos acabou se tornando tendência em outras marcas.

Hoje a maioria das montadoras tem carros 100% elétricos e quando não se tem um carro 100% elétrico, tem pelo menos um híbrido, que seja metade a combustível e metade elétrico.

Tudo isso visando combater um inimigo.

Ou seja, quando você dá um inimigo para as pessoas e chama elas para combater esse inimigo, as chances de você formar uma comunidade, um exército de pessoas com o mesmo ideal que você é muito grande!

Outro bom exemplo de inimigo em comum foi a Adidas, que criou um tênis 100% feito de material reciclado, mais especificamente plástico retirado dos mares.

Você já deve ter ouvido muito falar que os canudos de plástico estavam de certa forma "matando" as tartarugas marinhas e etc.

Bem, o canudo de plástico e todos os outros demais produtos que vão pro lixo, feitos de plástico acabaram se tornando vilões.

Muitos desses produtos após descartados iam parar no mar.

A Adidas criou uma força tarefa e começou recolher esse plástico dos mares e reciclar tudo isso em forma de tênis.

Muita gente comprou os tênis apenas como forma de fazer parte do movimento, apenas como forma de combater o inimigo.

A Adidas vendeu mais de 2 milhões de pares de sapatos logo nos primeiros meses dessa campanha.

Foi um lucro milionário apenas por criar um inimigo em comum.

E claro, a pergunta de 1 milhão de dólares: Como aplicar isso em meu próprio negócio?

Simples, defina um inimigo!

Seu ramo, por exemplo, é comida fitness?

Seu inimigo é a comida industrializada.

Você pode criar um movimento para combater os maus hábitos alimentares.

Por exemplo, vou resumir isso em uma frase:

"A obesidade mórbida vem matando milhões de pessoas ao longo dos anos, a culpa disso tudo é das comidas industrializadas, cheias de conservantes, PRECISAMOS COMBATER ISSO, precisamos criar um movimento pautado em alimentação saudável, precisamos começar em nós mesmos, dando o exemplo."

Bem, nessa frase fica evidente que dei um inimigo em comum e a forma de combatê-lo.

E como se combate o inimigo?

Através do meu produto!

Sempre que você quiser criar um movimento, um barulho muito grande, dê um inimigo para as pessoas.

Dê uma causa para elas correrem atrás.

Isso gera identificação, porque ela se sente sua semelhante, sente que é igual a você.

E essa identificação gera conexão e confiança.

Sem mencionar que essa pessoa vai querer lutar a guerra, consumir seus produtos para fazer parte da causa, do movimento.

Então acredite, vale muito a pena utilizar esse gatilho.

Gatilho mental Compromisso e Coerência

O princípio do compromisso e coerência diz que as pessoas estão dispostas a fazer um grande esforço para transmitir coerência entre suas palavras e atitudes – mesmo que, para isso, tenham que tomar atitudes mais radicais ou arriscadas.

Pesquisadores encenaram furtos numa praia de Nova York para desvendar se as pessoas arriscariam a pele a fim de impedir o crime. No estudo, um ator abria uma toalha de praia a um metro e meio de um indivíduo escolhido aleatoriamente. Após alguns minutos relaxando na toalha e ouvindo música num rádio portátil, o ator se levantava e ia caminhar pela praia.

Logo depois, um pesquisador, fingindo ser um ladrão, aproximava-se, pegava o rádio e fugia. Sob condições normais, as pessoas relutavam em se arriscar e desafiar o ladrão – apenas 4 pessoas fizeram isso nas 20 vezes em que o furto foi encenado.

Mas quando o mesmo procedimento foi realizado outras 20 vezes, com uma ligeira mudança, os resultados foram muito diferentes. Nessas encenações, antes de deixar a toalha, o ator pedia à pessoa para vigiar seus pertences e todos concordaram, afinal, não custaria nada.

Dessa vez, impulsionados pelo princípio da coerência, 19 das 20 pessoas praticamente se tornaram vigias, indo atrás do ladrão, exigindo uma satisfação, muitas vezes detendo-o fisicamente ou retirando o rádio de suas mãos.

A coerência é muito valorizada em nossa cultura mesmo em situações em que este não é o caminho mais sensato. A concordância entre o que se diz e o que se faz é algo bem visto pela sociedade e geralmente está relacionada à maturidade e ao equilíbrio psíquico de uma pessoa.

Robert Cialdini aborda essa questão em sua obra "Armas da Persuasão". Nela, ele explica que, além da aceitação social, a coerência serve também como atalho para o cérebro.

Quando se é coerente, basta recordar ações passadas para facilitar a tomada de decisões. Ao usar o que já fizemos como base, evitamos ponderar cada circunstância para tomar uma nova decisão.

E a grande pergunta é, como adaptar isso ao meu negócio?

Bem, a melhor forma de você utilizar esse gatilho é tentado fazer um compromisso com a sua audiência, com o seu cliente.

Como seria esse compromisso?

Você chamaria o possível comprador para um acordo informal e ofereceria garantias.

Por exemplo, vou resumir isso em uma frase para se tornar mais visual para você:

"Façamos um compromisso, você me compra esse livro e vai aplicar tudo que existe nele, se você não tiver nenhum resultado com ele em até 7 dias, eu devolvo o seu dinheiro completamente."

Onde está o gatilho?

Simples, no compromisso que você está fazendo.

"Você vai comprar e aplicar tudo que tem nesse livro, se não der certo, devolvo seu dinheiro."

A pessoa que diz sim a este acordo, está fazendo o compromisso de se dedicar, aplicar o que está escrito no livro.

E claro, sem nenhum risco, porque se ela aplicar e der errado, existe um reembolso, uma devolução.

Ou seja, é um compromisso fácil de aceitar e que as pessoas se tornam mais sugestivas a aplicar as lições do livro.

Se você traz esses acordos disfarçados assim para sua audiência, esses compromissos pautados em coerência, pode ter certeza que você se tornará muito mais persuasivo.

Gatilho mental Paradoxo das Escolhas

Quero te falar sobre o efeito Netflix e como isso atrapalha o seu negócio!

Já percebeu que quando você entra na Netflix, Youtube, ou qualquer outra plataforma de filmes, você fica mais tempo procurando o que assistir do que de fato assistindo?

Pode observar, se você fizer uma assinatura em um site de filmes e séries, no seu primeiro dia, quando abrir a tela e observar aquela quantidade de opções, naturalmente você vai se perder na hora de decidir.

E por que isso acontece?

Bem, o ser humano é péssimo em tomar decisões, é algo da nossa própria natureza, muito mais forte do que nós.

Então todas as vezes em que você precisa tomar uma decisão, fazer uma escolha, mas tem muitas opções diante de você, sua mente entra em um processo de análise e decisão, e você fica ali por bom tempo fazendo aquele balanço de custo benefício, pensando em qual é melhor ou pior.

É igual chegar em uma loja e o vendedor colocar 100 modelos de camisetas diante de você e todos muito parecidos.

Você não vai conseguir se decidir tão fácil.

E o problema é que quando nossa mente não consegue se decidir muito fácil, naturalmente desistimos de decidir.

A gente procrastina a decisão e por consequência deixa de comprar.

Então o gatilho do paradoxo da escolha funciona exatamente assim:

Você limita as escolhas do seu cliente, deixando para ele uma escolha muito ruim e outra muito boa.

Naturalmente ele só vai ter duas opções diante de seus olhos e se tiver pelo menos 2 neurônios, vai optar pela melhor escolha.

Vou te dar um exemplo prático de como você pode aplicar isso em seu negócio.

Um corretor de imóveis deseja vender uma casa para seu cliente e o cliente diz: "Quero uma casa espaçosa".

O corretor tem duas opções, ou leva esse cliente em várias casas espaçosas e deixa o cliente confuso com tantas casas, e talvez ele até desista da compra.

Ou o corretor pode levar o cliente em uma casa muuuuito apertada e depois em uma casa muito espaçosa.

Dessa segunda forma, o cliente percebe que existem 2 opções, uma boa e uma ruim.

Naturalmente ele opta pela boa, a que faz mais sentido pra ele.

Um outro exemplo prático: Vende roupas?

Em vez de descarregar todo o armário na frente do cliente, coloque na frente dele uma roupa muuuuito feia e outra muito bonita, você vai perceber que naturalmente ele vai se decidir rápido e ficar com a bonita.

E talvez sua área de atuação ainda seja outra.

Você talvez esteja se perguntando: E para vender um curso online, como utilizo esse gatilho?

Bem, nesse caso a pegada é diferente, porque você não vai pedir que seu cliente escolha entre um produto ou outro, mas vai pedir que ele escolha entre cenários diferentes.

Por exemplo, seu curso é sobre inglês?

Você pode fazer uma pergunta:

"E aí, qual vai preferir? Ficar o resto da vida sem entender o que um americano fala, ou a partir de hoje dominar completamente o inglês e conseguir viajar, entender filmes e etc?"

Bem, observe que só existe céu e inferno.

Ou um cenário muito ruim ou um muito bom.

Sem meio termo.

É justamente assim que deve ser o gatilho do paradoxo da escolha.

Gatilho mental da Simplicidade

Diferentemente do que muitas pessoas pensam, esse gatilho não tem nenhuma ligação ao ato de ser simples ou viver uma vida simples.

Na verdade essa simplicidade está nas palavras, no jeito de falar.

O cérebro humano tem uma configuração de fábrica, que tem como objetivo economizar energia.

E o que isso significa?

Bem, significa que a gente naturalmente tenta agir de forma que nossos pensamentos fiquem mais ociosos, fiquem mais em desuso.

Então naturalmente temos repulsa de tudo aquilo que parece confuso ou difícil.

Quer um exemplo?

Olhe bem para a imagem abaixo e me diga quanto tempo você consegue manter sua visão focada nela.

Você sente alguma vontade de entender o que são aqueles códigos e fórmulas ou simplesmente sente vontade de sair dessa página e parar de olhar para tudo isso?

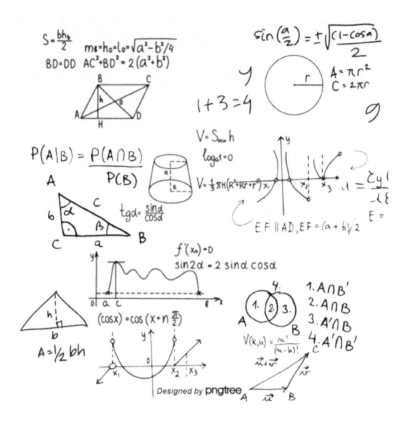

É claro que você achou tudo isso muito confuso e obviamente não quer perder seu tempo tentando decifrar.

Você não quer perder tempo quebrando a cabeça.

Porque isso é sua configuração natural, é de todo ser humano, você não quer gastar energia em algo que não faça sentido.

E é justamente aí que entra o gatilho mental da simplicidade.

Esse gatilho se resume meramente em usar as palavras "simples, fácil, descomplicado" e assim por diante.

Basicamente a função desse gatilho é transmitir simplicidade.

Por exemplo, se eu vou vender um curso online de investimentos e finanças para você.

Uma das primeiras objeções que você terá é se aquele curso realmente é para você.

Afinal o conteúdo de investimentos e finanças muitas vezes pode ser pesado, complexo.

Talvez não seja sábio comprar esse curso porque talvez você não vai conseguir entender e nem aplicar o que está sendo ministrado ali.

Então é justamente aí que entram os gatilhos.

Porque você como bom vendedor, precisa vender a imagem de simplicidade, dizer ao seu cliente que ele é capaz.

Vou te dar um exemplo em forma de frase:

"Esse método é um passo a passo, simples e descomplicado que qualquer pessoa consegue replicar sem nenhum esforço."

Percebe?

Eu simplifiquei o conteúdo do curso, mostrei que é algo para todos e que o cliente também consegue.

Então quando esse gatilho é utilizado, muitas objeções vão embora e facilita o processo da venda.

Gatilho mental da Ancoragem de preços

Para que você entenda melhor esse gatilho, preciso te explicar como acontece a formação de preços em nossa mente.

Hoje quando você olha para um produto, o que te faz pensar que esse produto está caro ou barato?

Quais argumentos ou fatores você utilizaria para balizar sua opinião?

Bem, basicamente a única forma que temos para precificar um produto é por meio da comparação de mercado.

Por exemplo, se você vai em uma concessionária e descobre que uma BMW nova custa 200 mil reais e logo em seguida você descobre alguém vendendo um Corolla com 5 anos de uso pelo mesmo preço, automaticamente você vai interpretar aquele preço como caro.

Afinal, é mera comparação, com os mesmos 200 mil você pode comprar uma BMW nova ou um Corolla com 5 anos de uso.

Então ou a BMW está muito barata ou o Corolla está muito caro.

Através dessas comparações nós conseguimos ter nossa opinião formada a respeito de preços.

Quando associamos um valor de preço para um determinado produto, tudo que vier depois, faremos comparações e em nossa mente trabalharemos comparações para determinar o quão caro ou barato os produtos estão.

Então como fazer uma ancoragem na prática?

Bem para fazer na prática, primeiro você precisa dar ao seu cliente um norte de preço, e só depois entregar de fato o valor do seu produto.

Por exemplo, vou resumir isso tudo em uma frase:

"Hoje em qualquer lugar esse produto custa 200 reais e você não recebe nenhum bônus por ter comprado. O meu produto custa apenas 190 reais e ainda e dou de bônus esse brinde exclusivo."

Ou seja, você associa na mente do seu cliente que seu produto vale 200 reais, mostra que o seu é 10 reais mais barato e ainda oferece junto um bônus.

Essa questão dos bônus é muito comum em produtos digitais.

Quando você está vendendo cursos online é bem comum fazer essas ancoragens, porém na venda de cursos ela é muito mais agressiva.

Vou te dar um exemplo:

"Hoje um curso igual a este meu no mercado custaria 1000 reais tranquilamente, mas eu estou te entregando junto mais 10 e-books, 2 masterclass, 3 mini-cursos e o direito à certificado. Todos esses bônus valeriam sozinhos 1000 reais, e o curso valeria 1000 reais também, todo o conteúdo junto valeria 2000, mas somente hoje você vai comprar por 500 reais."

Ou seja, você cria uma ancoragem, dá para as pessoas uma associação de preço.

Mas no final, entrega o preço real que é bem abaixo do valor cheio associado na mente.

Naturalmente as pessoas vão enxergar seu curso como barato.

Afinal, na cabeça delas seu curso valeria muito mais.

Em outras palavras, você não precisa quebrar a objeção do famoso: "não vou comprar porque está caro".

Porque na verdade está muito barato, as pessoas terão essa percepção.

Gatilho mental da Curiosidade

Você se considera uma pessoa curiosa?

Bem, a curiosidade é uma característica presente em todas as pessoas, você só precisa saber como estimulá-la, afinal, todo ser humano por mais controlado que seja, tem ali em seu íntimo um desejo de saber segredos, conhecer coisas novas, descobrir novidades.

Faz parte da nossa natureza, da nossa genética.

E eu vou te dar alguns exemplos, para que isso se torne algo mais visual para você.

Suponhamos que alguém te mande uma mensagem mais ou menos assim: "Precisamos conversar hoje mais tarde."

Imagine se essa mensagem vem de um patrão, de uma namorada, de seus pais, de algum cliente.

Gatilho mental da Curiosidade

Você se considera uma pessoa curiosa?

Bem, a curiosidade é uma característica presente em todas as pessoas, você só precisa saber como estimulá-la, afinal, todo ser humano por mais controlado que seja, tem ali em seu íntimo um desejo de saber segredos, conhecer coisas novas, descobrir novidades.

Faz parte da nossa natureza, da nossa genética.

E eu vou te dar alguns exemplos, para que isso se torne algo mais visual para você.

Suponhamos que alguém te mande uma mensagem mais ou menos assim: "Precisamos conversar hoje mais tarde."

Imagine se essa mensagem vem de um patrão, de uma namorada, de seus pais, de algum cliente.

Essa questão dos bônus é muito comum em produtos digitais.

Quando você está vendendo cursos online é bem comum fazer essas ancoragens, porém na venda de cursos ela é muito mais agressiva.

Vou te dar um exemplo:

"Hoje um curso igual a este meu no mercado custaria 1000 reais tranquilamente, mas eu estou te entregando junto mais 10 e-books, 2 masterclass, 3 mini-cursos e o direito à certificado. Todos esses bônus valeriam sozinhos 1000 reais, e o curso valeria 1000 reais também, todo o conteúdo junto valeria 2000, mas somente hoje você vai comprar por 500 reais."

Ou seja, você cria uma ancoragem, dá para as pessoas uma associação de preço.

Mas no final, entrega o preço real que é bem abaixo do valor cheio associado na mente.

Naturalmente as pessoas vão enxergar seu curso como barato.

Afinal, na cabeça delas seu curso valeria muito mais.

Em outras palavras, você não precisa quebrar a objeção do famoso: "não vou comprar porque está caro".

Porque na verdade está muito barato, as pessoas terão essa percepção.

Naturalmente você cria uma expectativa, porque a conversa pode ser boa ou pode ser ruim.

Então como você ainda não sabe o resultado dessa conversa, o contexto, você começa martelar em sua mente e imaginar o que pode ser.

Logo logo começam surgir pensamentos como:

"Será que fiz algo errado?"

"Será que vou ganhar algo inesperado?"

"Será que essa conversa é por causa daquele incidente passado?"

"Será que eu deveria me preparar para essa conversa?"

Basicamente você fica com tanta curiosidade, que não consegue tirar aquilo da cabeça.

E essa curiosidade, que é tão característica dos seres humanos, pode ser utilizada também para fins de vendas...

Por exemplo, se eu te envio um e-mail com o seguinte título:

"A estratégia de marketing da Pepsi que eu copiei e me rendeu 3 milhões em vendas."

Você vai me dizer que não vai dar nenhuma coceirinha ali de curiosidade para abrir esse e-mail e descobrir que estratégia é essa?

Óbvio que vai, porque eu criei um mistério, comecei falar de algo e não terminei.

E essa é a essência do gatilho mental da curiosidade.

Você precisa dar para as pessoas uma recompensa em troca de uma ação.

Só que a recompensa nesse caso é a descoberta de algo secreto, sigiloso, e a ação é algo simples, como por exemplo abrir um e-mail, continuar lendo um texto até o final, ou até mesmo adquirir um produto.

Nas suas palavras e dentro do seu contexto de vendas, você precisa dizer para o seu cliente:

"Quer saber meu segredo? Clica aqui que eu te conto"

Claro, não com essas palavras, esse layout precisa estar inserido dentro da sua oferta.

Por exemplo: "Descubra como emagreci 10 quilos comendo pizza."

Sim, é possível, se você comer um pedaço de pizza todos os dias na janta, mas durante o dia você se exercitar, manter seu déficit calórico e etc, você pode emagrecer comendo pizza.

Mas obviamente você não vai explicar tudo isso logo de cara, primeiro é necessário fazer um suspense!

Ou seja, a forma como você se comunica, sem entregar todas as informações logo de cara, gera um suspense e por consequência uma curiosidade.

E aí vem a grande pergunta: Mas como eu aplico isso em meu negócio?

Simples, nunca revele tudo logo de cara, deixe bem claro que você tem um segredo, uma informação, que você só entregará mediante uma condição.

Esse gatilho mental é muito bom para lojas físicas também.

Você pode ativar esse gatilho de várias formas em lojas físicas.

Um bom exemplo do gatilho mental da Curiosidade aplicado para o comércio físico são aquelas placas escritas: SEXO GRÁTIS AQUI.

Aparentemente a pessoa enxerga aquele nome grande, de longe e fica curiosa, afinal, como pode existir uma oferta assim no meio da rua em pleno dia.

Então se você quiser saber o que de fato é essa proposta, o que de fato significa aquela placa, você precisa realizar uma ação.

Ou seja, você precisa chegar mais perto, parar, para só então conseguir ler.

Em outras palavras, essa curiosidade gerada acaba trazendo mais clientes, mais leads para o seu negócio.

Você só precisa refletir acerca do que realmente causa curiosidade em sua audiência.

Um exemplo da campanha: SEXO GRÁTIS AQUI - logo abaixo.

No final das contas não passa de uma grande pegadinha, mas que chama a atenção das pessoas e acaba trazendo clientes para o seu negócio.

Então use e abuse desse gatilho.

Gatilho mental da Surpresa

Acredito que todo mundo ama ser surpreendido de forma positiva, não é mesmo?

Afinal, imagina que surpresa boa chegar em casa, abrir o aplicativo do banco e descobrir que seu salário caiu na conta com 5 dias de antecedência e que veio com uma bonificação.

Imagina também quão bom seria você ir em uma loja, comprar uma camiseta, mas na hora de te entregar a mercadoria, o vendedor te dar de brinde também uma bermuda.

Ainda neste exemplo da surpresa, imagine você pedindo um lanche via aplicativos de delivery e quando o lanche chega na sua casa, vem um chocolate de brinde.

Como é bom e agradável essas surpresas, essas pequenas demonstrações de importância.

Bem, assim como você ama uma surpresa positiva, ama ser surpreendido, o seu cliente também se agrada desses pequenos gestos.

E isso é tão forte, mas tão forte, a ponto de se tornar um gatilho mental.

No meio do marketing, existe um termo chamado: Overdelivery, que traduzido ao pé da letra, significa: Sempre entregar mais!

Ou seja, quando seu cliente começa a se relacionar com você, naturalmente ele tem uma expectativa, ele espera algo de você.

E claro, o combinado não sai caro, se você combinou com seu cliente a compra de um curso online e você entrega ao seu cliente esse curso online, já é o combinado, é isso que seu cliente espera de você.

Porém se além do curso esperado, você ainda entrega uma série de bônus, o seu cliente não estava esperando, então ele se surpreende com o excesso de entrega, com a abundância que você está ofertando pelo mesmo preço.

E isso tudo acaba se tornando um gatilho mental, que impulsiona a venda.

Se você alguma vez na vida comprou um curso online, deve ter notado algo bem frequente na página de vendas do curso, que é o famoso empilhamento de bônus.

Por exemplo, talvez você esteja comprando um curso para copywriters, para se tornar um copywriter de sucesso.

Porém como bônus você recebe um mini curso que ensina tráfego, um mini curso que ensina a gerir suas finanças, um e-book que ensina como gerir sua contabilidade.

Bem, no final das contas você irá receber muito mais do que o combinado, você sabe que está pagando um valor inferior ao que aquilo realmente vale.

Então naturalmente você se sente mais propenso a comprar.

Você pode aplicar isso em seu negócio através de brindes, bônus, alguma coisa que você entregue a mais.

Por exemplo, no ramo alimentício isso é bem comum através de combos.

Você pede um sanduíche mas ganha "inteiramente grátis" uma batata e um refrigerante.

No final das contas as pessoas sabem que estão pagando por tudo aquilo, mas o uso da palavra grátis gera impacto emocional e as pessoas acabam inconscientemente se sentindo mais confortáveis em comprar.

Ou seja, crie combos de produtos, ofertas com bônus, opte por deixar explícito que algum dos produtos que estão indo no pacote, irão como forma de brinde, gratuitamente.

Você venderá muito mais.

Conclusão

Estes são os 17 principais gatilhos mentais que existem dentro do copywriting.

Você pode usá-los separadamente, em uma conversa, em um ato de vendas, pode usá-los todos juntos em uma carta de vendas, roteiro de vídeo, página de vendas.

Não existe regra, não existe padrão.

A única coisa que realmente existe é uma conexão dessas palavras com o lado inconsciente do seu cérebro.

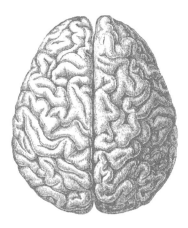

Uma vez que você utiliza esses gatilhos, você naturalmente manda estímulos ao hemisfério esquerdo do seu cliente e esse hemisfério esquerdo toma decisões sem passar pelo crivo do hemisfério direito.

Você naturalmente vai se tornar muito persuasivo e nem vai entender como seus clientes se deixam persuadir tão facilmente.

Não é mágica, é técnica!

A nossa mente vem programada de fábrica para responder a alguns estímulos, então por exemplo, com uma música triste você chora, com uma música animada você fica alegre, com uma cena de suspense você fica apreensivo e assim por diante.

Nosso cérebro responde da mesma maneira estímulos através de textos.

Ou seja, os gatilhos mentais são armas poderosíssimas que te ajudam a percorrer o caminho mental do seu cliente de forma que a razão e a lógica não interfiram em uma decisão totalmente emocional.

Quanto mais você aplicar esses gatilhos, melhor você irá ficar!

No começo provavelmente você se sinta desconfortável, se sinta estranho, por ainda não ter prática com os gatilhos.

Mas posteriormente, quando você entender o processo, o passo a passo, pegar a prática.... Pode ter certeza que você se tornará uma máquina de vendas.

Resumo

Então, só para você não esquecer, um texto de copywriting segue uma determinada estrutura, que é focada em trazer a consciência do problema e posteriormente apresentar a solução.

Essa estrutura de texto é a seguinte:

Chame a atenção

Toque na dor ou problema

Apresente a solução

Mostre suas credenciais

Liste os benefícios

Prove

Faça a oferta

Use a escassez

Dê garantia

Chame para ação

Além da estrutura do texto, apresentamos também a lista total de gatilhos apresentados neste livro são:

Vamos para a lista:

- Gancho de atenção ou headline;

- Gatilho mental da reciprocidade

- Gatilho mental da autoridade

- Gatilho mental da escassez

- Gatilho mental da urgência

- Gatilho mental do descaso

- Gatilho mental da dualidade (Relação dor x prazer)

- Gatilho mental da Prova social

- Gatilho mental da antecipação

- Gatilho mental do "Por que"

- Gatilho mental da Novidade

- Gatilho mental do inimigo em comum

- Gatilho mental Compromisso e coerência

- Gatilho mental Paradoxo das escolhas

- Gatilho mental da Simplicidade

- Gatilho mental da Ancoragem de preços

- Gatilho mental da curiosidade

- Gatilho mental da surpresa

Considerações Finais do Autor

Fico muito contente que você tenha chegado até aqui, afinal isso indica que você realmente tem sede por conhecimento e aprendizagem.

A partir de agora você tem um conhecimento centenário que pode ser utilizado tanto para o bem, quanto para o mal, então use esse conhecimento com sabedoria, com nobres fins.

Mais importante que vender um produto, é vender algo em que você acredite, algo que você também compraria.

Agora você já pode completar sua trajetória, sua jornada como um bom vendedor ou uma boa vendedora.

Comece ainda hoje, teste o poder do copywriting e dos gatilhos, você irá se surpreender!

www.ingramcontent.com/pod-product-compliance
Lightning Source LLC
LaVergne TN
LVHW051705050326
832903LV00032B/4023